Chico Chile™ dice Vamos a México, a Centroamérica y al Mar Caribe

Written by
Janet Healy Mulholland

Cover Design by
Melissa Woodington

Illustrations & Page Design by
Janet Healy Mulholland

Published by
TEACHER'S Discovery ©2004

ISBN: 0-7560-0333-4
SKU: B1364

Chico Chile dice…

Muchas gracias

I extend my appreciation to my parents, Richard and Marian, my husband, Tom and my family, friends, and students. Their support and encouragement made me realize that "Life is one adventure after another."

HOW TO USE THE WORKBOOK

READINGS: The student will learn general information about a Spanish-speaking country in Spanish. The stories are made easy with the use of pictures. Simple Spanish is used. Verbs utilized are: *ser, tener, estar* and *hay*. Cognates are used when describing the past situations. The stories can be read in class or at home for extra credit. They are all the same level of difficulty. They are one to two pages in length.

¡Vamos a leer!

QUESTIONNAIRE: Students are able to check their understanding of the text by taking a simple multiple-choice questionnaire. Visuals are used to make it easy for the students. All have eight points.

¡Vamos a recordar!

CROSSWORDS AND WORDSEARCHES: These puzzles make it enjoyable and easy for the students. Visuals are again used. All have eight points.

¡Vamos a jugar!

MAPS AND FLAGS: Students with the help of their own textbook, the library or Internet can find out where the capitals are located. The colors of the flag are mentioned in the reading but NOT how the colors are arranged. The students will have to do some research.

¡Vamos a hallar! ¡Vamos a colorear!

RESEARCH ACTIVITIES: Students are encouraged to go beyond what they have read and discover more through the Internet or from books in the library.

¡Vamos a descubrir!

CUMULATIVE QUIZZES: Students are able to take a quiz that covers two different countries.

MAP STUDY: Students are encouraged to know the locations of all the countries.

¡Vamos a recordar mucho!

Chico Chile dice ...

Nombre_____ Clase _____

COSTA RICA

Costa Rica es un país con muchos volcanes. Irazú es el volcán más alto. Poás es un volcán muy activo. Siempre llueve.

Cristóbal Colón descubrió* Costa Rica en 1502. El día de la independencia es el 15 de septiembre. El héroe nacional se llama Juan Rafael Mora.

Costa Rica tiene un sistema de educación muy establecido*. Hay dos universidades públicas.

San José es la capital. Es el centro de la vida política, de los negocios* y de la cultura. Tiene una vida democrática.

Tortuguero es un lugar* importante para proteger* las tortugas. Hay muchos científicos allí. La ciudad* más vieja es Cartago, "la ciudad* de las flores".

Hay mucha producción de bananas y de cacao. También la producción de café es importante en la ciudad* de Heredia.

Hay una mezcla* de gente. Hay españoles, italianos, alemanes*, otros europeos y los indígenas*.

La mayoría* de la gente es labradora. En las haciendas los labradores pintan sus carretas de bueyes.*

La bandera tiene cinco franjas de rojo, blanco y azul.

*descubrió = discovered *establecido = established
*negocios = business *lugar = place *proteger= protect
*ciudad = city *mezcla = mixture *alemanes = Germans
*indígenas = person or item from a country, indigenous
*mayoría = majority *bueyes = oxen

1

Nombre_____ **Clase** _____

COSTA RICA

 ¡Vamos a recordar!

1. **Poás e Irazú son ...**

   a.   b.   c.

2. **¿Quién descubrió a Costa Rica?**
   a. San Rafael
   b. San José
   c. Cristóbal Colón

3. **No hay europeos en Costa Rica.**
   a. cierto
   b. falso

4. **La educación es importante aquí.**
   a. cierto
   b. falso

5. **¿Cómo se llama la capital?**
   a. Se llama Poás.
   b. Se llama San Rafael.
   c. Se llama San José.

6. **Hay tortugas en ...**
   a. Tortuguero
   b. San José
   c. Cartago

7. **Cartago es una ciudad con ...**

   a.   b.   c.

8. **La bandera tiene ... franjas.**
   a. cinco
   b. tres
   c. diez

Nombre_____ Clase _____

COSTA RICA

Chico Chile dice …

¡Vamos a jugar!

```
L A S I C A P A L A P
A F L O R E S M A Y O
B H A L L U E V E B Á
R O I C A R R E T A S
A C T O M C I O U N L
D G E N T E I T V A O
O E U R O P E S O N A R
R P H A C I E N D A S
E A L E M A N E S S U
S B U Y L S I E M P E
```

nombre

3

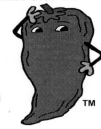

Nombre_____ **Clase** _____

COSTA RICA

¡Vamos a hallar!
¡Vamos a colorear!

¿Dónde está la capital de Costa Rica? ¿Cómo se llama la capital?

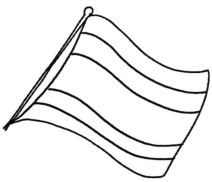

¿De qué color es la bandera?

Nombre_____ **Clase** _____

COSTA RICA

¡Vamos a descubrir!

Go to the library or computer lab and discover some more information about what you have learned.

Volcanoes
Hacienda Life
Oxen Carts
San José
Tortuguero
Saving Turtles
Rain Forests
Jungle Canopy Tours
White Water Rafting
Sea Kayaking
Juan Rafael Mora
Orchids In Lancaster
Tourism

4

¡Vamos a leer!

Nombre_____ Clase_____

CUBA

Cuba es "la perla 🔗 de las Antillas*." Es muy bonita con muchas escenas* hermosas. Es la isla 🌴 más grande de todas las islas 🌴 en el Caribe. Tiene tres cordilleras* de montaña ⛰ .

En la población hay españoles, mulatos* y africanos. Los mulatos tienen sangre* de los españoles y de los africanos.

Cristóbal Colón descubrió Cuba en 1492. El héroe nacional se llama José Martí. El primer día de enero de 1959 Fidel Castro conquistó* Cuba. Castro desarrolló* un movimiento de comunismo.

La capital ⭐ se llama La Habana. Camagüey es la ciudad* de las iglesias ⛪ .

Hay una industria 🏭 del azúcar ☕ . También la producción de tabaco 🍃 es muy importante.

La bandera 🚩 de Cuba es azul y blanca. Hay un triángulo △ rojo con una estrella ☆ blanca en el centro.

*Antillas = Antilles *cordilleras = mountain ranges *escenas = scenes
*mulatos = mulatto – of Spanish and African blood
*sangre = blood *conquistó = conquered *desarrolló = developed
*ciudad = city

Nombre_____ **Clase** _____

CUBA

¡Vamos a recordar!

1. **Cuba no es un país muy bonito.**
   a. cierto
   b. falso

2. **Es una isla muy...**
   a. pequeña.
   b. fea.
   c. grande.

3. **¿Cómo se llama la capital?**
   a. Se llama Camagüey.
   b. Se llama La Habana.
   c. Se llama Castro.

4. **¿Cómo se llama la ciudad de las iglesias?**
   a. Se llama Camagüey.
   b. Se llama La Habana.
   c. Se llama Castro.

5. **¿Quién es el héroe nacional?**
   a. Fidel Castro
   b. Cristóbal Colón
   c. José Martí

6. **Hay un movimiento de ... en Cuba.**
   a. democracia
   b. comunismo
   c. tabaco

7. **... y ... son productos muy importantes.**

    a.  b. c.

8. **¿Qué hay en el centro de la bandera?**

   a.   b.   c.

6

Nombre_____ **Clase** _____

CUBA

¡Vamos a jugar!

TM

Horizontales

1. Fidel …

2. △

4. (sing.)

6. ☆ La …

Verticales

1. gobierno

3. (pl.)

5. José …

7.

Nombre_____ **Clase** _____

CUBA

¡Vamos a hallar!
¡Vamos a colorear!

¿Dónde está la capital de Cuba? ¿Cómo se llama la capital?

¿De qué color es la bandera?

....

Nombre_____ **Clase** _____

CUBA

¡Vamos a descubrir

Go to the library or computer lab and discover some more information about what you have learned.

Havana
Sugar Processing
Communism
Fidel Castro
Cubans in Florida
Sports
US and Cuba
Tourism
Camagüey
Cuba in the news

Nombre_____ **Clase** _____

EL SALVADOR

¡Vamos a leer!

El Salvador es la nación más pequeña de Centroamérica. El Salvador tiene muchas montañas . Hay veinticinco volcanes cerca del Océano Pacífico. Hay un volcán que se llama Izalco y tiene mucho fuego . Se llama "el faro Pacífico." Hay valles y llanuras.*

La civilización de los mayas existió* en El Salvador. También, hay indígenas* que se llaman pupil. Son descendientes de los aztecas y de los toltecas de México.

Diego de Alvarado descubrió* la ciudad* de San Salvador en 1525. La nación incluyó* las repúblicas de Guatemala, Honduras, Nicaragua, Costa Rica, una parte de México y El Salvador. El héroe nacional se llama Pedro José Matías Delgado.

La capital es San Salvador. Está situada en el Valle de las Hamacas .

En El Salvador hay tres puertos importantes: La Unión, La Libertad y La Acahuetla.

La nación tiene muchos problemas políticos. Solamente hay que leer los periódicos para saberlo*.

La producción de café es importante. Hay arroz , maíz , azúcar y frutas .

La bandera es azul y blanca.

*llanuras = plains   *existió = existed
*indígena = indigenous, person or item from a country
*descubrió = discovered   *ciudad = city
*incluyó = included   *saberlo = to know it

Nombre_____ **Clase** _____

EL SALVADOR

¡Vamos a recordar!

1. **Izalco es "el faro del Pacífico". ¿Por qué?**
   a. Porque Izalco es muy grande.
   b. Porque Izalco tiene mucho café.
   c. Porque Izalco tiene fuego.

2. **¿Cuántos volcanes hay en El Salvador?**
   a. Hay veinticinco volcanes.
   b. Hay quince volcanes.
   c. Hay veinte volcanes.

3. **¿Qué es un pupil?**

   a.   b.   c.

4. **En 1525 la nación fue muy grande.**
   a. cierto
   b. falso

5. **¿Cómo se llama el héroe nacional?**
   a. Se llama Pedro de Alvarado.
   b. Se llama San Salvador.
   c. Se llama José Matías Delgado.

6. **¿Cuántos puertos hay?**
   a. cinco
   b. tres
   c. dos

7. **Los periódicos revelan muchos …**
   a. problemas politicos.
   b. hamacas diferentes.
   c. indígenas importantes.

8. **¿Qué hay en El Salvador?**

   a.    b.   c.

Nombre_____ **Clase** _____

EL SALVADOR

¡Vamos a jugar!

Horizontales

3. José Matías …

4. nombre (pl.)

6.

8.

Verticales

1. (pl.)

2. problemas …

5.

7.

Nombre_____ **Clase** _____

EL SALVADOR

¡Vamos a hallar!
¡Vamos a colorear!

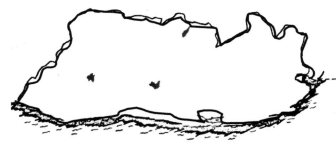

¿Dónde está la capital
de El Salvador? ¿Cómo
se llama la capital?

¿De qué color es
la bandera?

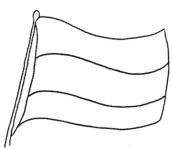

· ·

Nombre_____ **Clase** _____

EL SALVADOR

¡Vamos a
descubrir!

**Go to the library or computer lab and discover
some more information about what you have learned.**

Volcanoes
Pupil
Indigenous Groups
Pedro de Alvarado
José Matías Delgado
Valley of the Hammocks
Politics
Agriculture

Nombre_____ Clase _____

GUATEMALA

¡Vamos a leer!

Guatemala es la nación de "la tierra del río de la eternidad." Hay un lago, el Atitlán. Cerca de este lago hay tres volcanes; Tolimán, San Pedro y Atitlán. Hay treinta volcanes en total. El volcán Tajumulco es el más alto.

Pedro de Alvarado fue* el conquistador de Guatemala. Él estableció* la ciudad de Santiago, la primera capital. Cuando Pedro de Alvarado murió,* su esposa, Beatriz de la Cueva, se hizo* presidente. Fue la primera presidente femenina en las Américas. El día de la independencia es el quince de septiembre.

Más tarde, la ciudad* de Guatemala se hizo* la capital. La capital tiene un museo con objetos antiguos* de los mayas y de los aztecas. La educación es muy importante con muchas universidades y escuelas públicas.

Hay atracciones turísticas. Las ruinas de Tikal y de la región de Petén son de los mayas antiguos. Hay estelas*, altares y pirámides grandes con templos.

El país tiene plantaciones de café. Los productos son algodón, azúcar, bananas, flores y aceite de cocina*. También hay muchos minerals: oro, cobre* y plata.

La bandera es blanca y azul.

*fue = was   *estableció = established   *murió = died
*se hizo = became   *ciudad = city   *antiguos = ancient
*estelas = tall rectangular stones with glyphs
*aceite de cocina = cooking oil   *cobre = copper

13

Nombre_____ Clase _____

GUATEMALA

¡Vamos a recordar!

1. Tolimán, Atitlán, y San Pedro son …

    a.    b.    c.

2. ¿Cómo se llama el conquistador de Guatemala?
    a.   Se llama San Pedro.
    b.   Se llama Pedro de Alvarado.
    c.   Se llama Santiago.

3. Beatriz de la Cueva fue la primera … en las Américas.
    a.   exploradora
    b.   conquistadora
    c.   presidente

4. ¿Cuándo es el día de independencia?
    a.   Es el doce de octubre.
    b.   Es el quince de septiembre.
    c.   Es el dos de noviembre.

5. ¿Por qué hay turismo en Guatemala?

    a.    b.   c.

6. La educación es importante aquí.
    a.   cierto
    b.   falso

7. ¿Cuál de los productos es importante?

    a.   b.   c.

8. ¿De qué color es la bandera?
    a.   Es azul y blanca.
    b.   Es blanca y verde.
    c.   Es verde y azul.

Nombre_____ Clase _____

GUATEMALA

Chico Chile dice ...

¡Vamos a jugar!

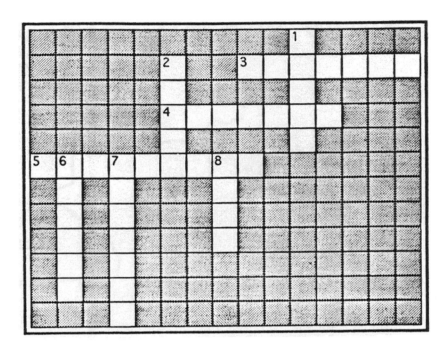

Horizontales

3.

4. *tall rectangular stones with glyphs*

5. nombre

7. nombre (pl.)

Verticales

1. **una ruina**

2. **Beatriz de la ...**

6.

8.

Nombre_____ **Clase** _____

GUATEMALA

¡Vamos a hallar!
¡Vamos a colorear!

**¿Dónde está la capital
de Guatemala? ¿Cómo
se llama la capital?**

**¿De qué color es
la bandera?**

....

Nombre_____ **Clase** _____

GUATEMALA

¡Vamos a descubrir!

**Go to the library or computer lab and
discover some more information about what you have
learned.**

**Volcanoes
Atitlán
Beatriz de la Cueva
Guatemala City
Peten y Tikal
Tourism
Maya Civilization
Agriculture**

Nombre_____ Clase _____

¡Vamos a leer!

HONDURAS

Honduras es la tierra de la banana y del café . La palabra "honduras" significa en inglés "depths". Hay montañas pero no hay volcanes . Hay bosques* y pantanos.*

Cristóbal Colón descubrió* Honduras en el año 1502. El día de la independencia es el quince de septiembre. Había* problemas políticos en el país. Más tarde, en 1841 Francisco Ferrera se hizo* el primer presidente del gobierno constitucional de Honduras.

La capital de Honduras es Tegucigalpa. Hay montañas y es el centro de la plata y del oro .

Los indígenas* y los españoles viven en Honduras. Hay ruinas de los indígenas con los frescos de la vida de los mayas.

La agricultura es importante para la economía. Hay bananas , café , algodón y caña de azúcar .

La bandera es azul y blanca. Tiene cinco estrellas azules.

*bosques = forests   *pantanos = swamps
*descubrió = discovered   *había = there were   *se hizo = became
*indígenas = indigenous, person or item from a country

Nombre_____ Clase _____

HONDURAS

¡Vamos a recordar!

1. **¿Qué significa "Honduras"?**
   a. honored
   b. durable
   c. depths

2. **Hay muchos volcanes en Honduras.**
   a. cierto
   b. falso

3. **¿Quién descubrió a Honduras?**
   a. Francisco Ferrera
   b. Cristóbal Colón
   c. Tegucigalpa

4. **¿Cuándo es el día de la independencia?**
   a. Es el cinco de diciembre.
   b. Es el dos de noviembre.
   c. Es el quince de septiembre.

5. **Los ... vivieron en Honduras.**
   a. mayas
   b. aztecas
   c. incas

6. **¿Qué hay en las ruinas?**
   a. Hay plata.
   b. Hay frescos.
   c. Hay bosques.

7. **¿Qué produce la gente en Honduras?**

   a.   b.   c.

8. **¿Cuántas estrellas hay en la bandera?**
   a. cinco
   b. tres
   c. diez

Nombre_____ **Clase** _____

HONDURAS

¡Vamos a jugar!

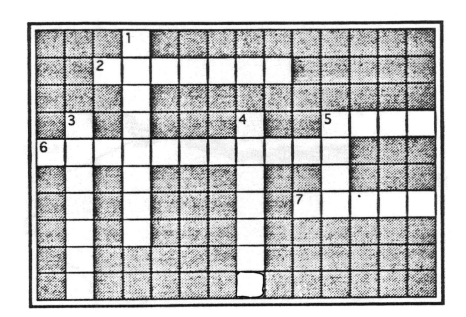

Horizontales

2. Hay pantanos y …

5.

6

7.  nombre (pl.)

Verticales

1. "*depths*"

3. Francisco …

4.

5. … de

Chico Chile dice …

Nombre_____ **Clase** _____

HONDURAS

¡Vamos a hallar!
¡Vamos a colorear!

¿Dónde está la capital
de Honduras? ¿Cómo
se llama la capital?

¿De qué color es
la bandera?

....

Nombre_____ **Clase** _____

HONDURAS

¡Vamos a descubrir!

Go to the library or computer lab and
discover some more information about what you have
learned.

Christopher Columbus
Tegucigalpa
In the News
Swamps
Maya Frescos
Maya Life: Before and Now
Sugar cane
Agriculture

Chico Chile dice …

Nombre_____ Clase _____

MÉXICO

¡Vamos a leer!

México es un país de muchos contrastes, muchos colores y mucha cultura. Hay desiertos , montañas y volcanes . Los tres volcanes famosos se llaman Popocatépetl, Iztaccíhuatl y Orizaba. Hay valles y mesetas.* Hay dos territorios que se llaman Yucatán y Baja California.

México es la tierra de los aztecas. Ellos construyeron* la ciudad* de Tenochtitlán sobre el lago de Texcoco. Hernán Cortés llegó* y destruyó* el imperio de los aztecas. Él estableció* la ciudad* de México, la capital , sobre las ruinas de Tenochtitlán.

La gente tiene sangre* de los indígenas* ; los mayas, los náhuatles, los zapotecas, los mixtecas, los toltecas y los aztecas.

México declaró* su independencia el 16 de septiembre. Su héroe nacional es el padre Miguel Hidalgo. En 1858 un indígena* , Benito Juárez, fue el presidente de México. Hoy México tiene muy buenas relaciones con los Estados Unidos de América.

Mérida es la capital del territorio de Yucatán. Es importante por la producción de sisal . Con sisal la gente produce medicina, detergente, bebidas, ropa y más. En Yucatán hay ruinas de los mayas en Uxmal, Chichen-Itzá y Tulum.

*mesetas = plateaus *construyeron = constructed
*ciudad = city *llegó = arrived *destruyó = destroyed
*estableció = established *sangre = blood *declaró = declared
*indígenas = indigenous, person or item from a country

21

El turismo es importante en México. Acapulco, Puerto Vallarta, Cancún e Ixtapa-Zihuatanejo son ciudades* turísticas. Hay playas bonitas y hace sol.

La ciudad* de Guadalajara es el centro del arte . Hay mucha influencia francesa en Guadalajara. También hay ganado y mucha agricultura allí.

La bandera de México es roja, blanca y verde. En el centro hay un águila*.

*ciudad(es) = city
*águila = eagle

Nombre_____ **Clase** _____

MÉXICO

¡Vamos a recordar!

1. **Popocatépetl, Iztaccíhuatl y Orizaba son ... .**

   a.   b. c.

2. **¿Quién destruyó a los aztecas?**
   a. Benito Juárez
   b. Miguel Hidalgo
   c. Hernán Cortés

3. **¿Quién es el héroe nacional?**
   a. Benito Juarez
   b. Miguel Hidalgo
   c. Hernán Cortés

4. **El Yucatán y la Baja California son ... de México.**
   a. ruinas
   b. ciudades
   c. territorios

5. **Puerto Vallarta, Cancún y Acapulco son importantes por ...**
   a. la producción de sisal.
   b. el turismo.
   c. los indígenas.

6. **Es una lista de los indígenas.**
   a. náhuatles, zapotecas, mixtecas
   b. Popocatépetl, Orizaba, Iztaccíhuatl
   c. Uxmal, Chichén-Itzá, Tulum

7. **¿Cuál de las ciudades es el centro del arte?**
   a. Es Puerto Vallarta.
   b. Es Mérida.
   c. Es Guadalajara.

8. **¿Qué hay en el centro de la bandera de México?**
   a. Hay un águila.
   b. Hay un sol.
   c. Hay una estrella.

MÉXICO

Chico Chile dice …

¡Vamos a jugar!

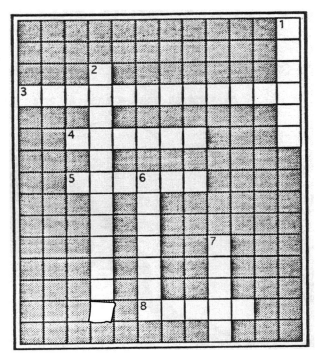

Horizontales

3.   ruinas de …

4.

5.

8.

Verticales

1.   … Cortés

2. nombre

6. nombre (pl.)

7.   ruinas de …

Nombre＿＿＿＿＿＿＿＿＿＿＿＿＿＿＿ **Clase** ＿＿＿＿

MÉXICO

¡Vamos a hallar!
¡Vamos a colorear!

¿Dónde está la capital
de México? ¿Cómo
se llama la capital?

¿De qué color es
la bandera?

•••

Nombre＿＿＿＿＿＿＿＿＿＿＿＿＿＿＿ **Clase** ＿＿＿＿

MÉXICO

*¡Vamos a
descubrir!*

Go to the library or computer lab and
discover some more information about what you have
learned.

Volcanoes of México
Baja California
Tenochtitlán
Indigenous Groups
Miguel Hidalgo
Benito Juárez
Sisal
Tourism
Cliff Diving
Guadalajara

Nombre_____ Clase _____

NICARAGUA

¡Vamos a leer!

    Nicaragua es la nación más grande de Centroamérica. Tiene una forma de triángulo △. Tiene muchos volcanes. Hay dos regiones de montañas. Hay dos lagos grandes. Se llaman Nicaragua y Managua y allí hay muchos terremotos.* Hay regiones tropicales en la Costa Mezquita.

    En 1502 Cristóbal Colón descubrió* Nicaragua. Durante este tiempo el jefe de los indígenas* era Nicarao, por eso, el nombre del país es Nicaragua. El día de la independencia es el quince de septiembre de 1821. Miguel Larreinaga es su héroe nacional. Fue un profesor y un autor también.

    Managua es la capital. Es una ciudad* muy progresiva y moderna. Nicaragua es muy famosa por la poesía de Rubén Darío. Por eso, hay un parque en honor de Rubén Darío. Su tumba está en la catedral de León.

    Aquí la agricultura y las minas son importantes. La tierra volcánica produce café, algodón y azúcar.

    Hay mucha gente que tiene sangre* de los españoles, de los indígenas y de los africanos.

    La bandera de Nicaragua es blanca y azul con un símbolo de la nación en el centro.

*terremotos = earthquakes   *descubrió = discovered
*indígenas = indigenous, person or item from a country
*ciudad = city   *sangre = blood

Nombre_____ Clase _____

NICARAGUA

¡Vamos a recordar!

1. **¿De qué forma es Nicaragua?**

    a. ⬦   b. △   c. ○

2. **¿Cómo se llamaba el jefe de los indígenas?**
    a. **Nicarao**
    b. **Miguel Larreinaga**
    c. **Cristóbal Colón**

3. **¿Cuándo es el día de la independencia de Nicaragua?**
    a. **Es el cinco de septiembre.**
    b. **Es el veinticinco de septiembre.**
    c. **Es el quince de septiembre.**

4. **Managua es una capital muy moderna y progresiva.**
    a. **cierto**
    b. **falso**

5. **¿Cómo se llama el poeta famoso de Nicaragua?**
    a. **Roberto Frost**
    b. **Nicarao**
    c. **Rubén Darío**

6. **¿Dónde está la tumba de Darío?**
    a. **Está en Cabo de Gracias.**
    b. **Está en la catedral de León.**
    c. **Está en Granada.**

7. **En la tierra volcánica hay ...**

    a.   b.   c.

8. **No hay personas con sangre de los indígenas en Nicaragua.**
    a. **cierto**
    b. **falso**

Chico Chile dice ...

Nombre_____ Clase _____

NICARAGUA

¡Vamos a jugar!

```
S I M P T D Y D P S O R O
L A R R E I N A G A R T A
Q L L E R R O R I N P U P
U G U T R A E Í P G U E L
P O P O E M T O F R P R U
E D M E M N O E I E M L M
M Ó X D O A N R U B E P D
E N S A T R I Á N G U L O
N I C A O R C P O P O C A
O A R A C A F É S A N R E
N I C A R A O T E R R O M
```

Miguel ...
earthquake

Rubén ...

blood   el

jefe

28

Nombre_____ Clase _____

NICARAGUA

¡Vamos a hallar!
¡Vamos a colorear!

¿Dónde está la capital
de Nicaragua? ¿Cómo
se llama la capital?

¿De qué color es
la bandera?

....

Nombre_____ Clase _____

NICARAGUA

¡Vamos a
descubrir!

**Go to the library or computer lab
and discover some more information about what you have
learned.**

Rubén Darío
Volcanoes
Lakes: Managua, Nicaragua
Costa Mezquita
Nicarao
Miguel Larreinaga
Granada
Central American Commercial Market
Volcanic products

Nombre_____ Clase _____

PANAMÁ

¡Vamos a leer!

Panamá es el centro del comercio internacional y de los viajes. Hay dos sistemas de montañas y la costa tiene muchas islas .

Cristóbal Colón exploró* la costa de Panamá en 1502. En 1513 Vasco Nuñez de Balboa cruzó* el istmo* y descubrió* el Océano Pacífico.

Todo el oro de los españoles quedó* en Panamá. Hay una catedral* en la ciudad* que es muy famosa. Hay un altar de oro . Un monje pintó* el altar antes de la llegada de los piratas de Morgan.

Su héroe nacional se llama Tomás Herrera. En 1840 Panamá era* un país independiente por trece meses. Luego fue* parte de Colombia hasta el año 1903.

La ciudad* de Panamá es la capital . Es progresiva y muy moderna. Hay mucha influencia de los extranjeros*. Hay artistas , escritores , intelectuales y poetas.

Colón es la ciudad* cerca de la entrada* del canal. El canal es importante para los barcos que transportan las mercancías* entre los dos océanos.

Los indígenas de San Blas se llaman cuna. Ellos tienen una organización interesante con artesanías* únicas.

Hay plantaciones de banana . Producen papas , cebollas* y azúcar .

La bandera tiene cuatro secciones en rojo, blanco y azul. Hay dos estrellas .

*exploró = explored   *cruzó = crossed   *istmo = isthmus
*descubrió = discovered   *quedó = remained   *catedral = cathedral
*ciudad = city   *pintó = painted   *llegada = arrival   *fue = was   *extranjeros = foreigners
*entrada = entrance   *mercancías = merchandise   30*artesanías = handicrafts   * cebollas = onions

Nombre_____ **Clase** _____

PANAMÁ

¡Vamos a recordar!

1. Panamá es el . . . del comercio internacional y de los viajes.
    a. ciudad
    b. centro
    c. entrada

2. ¿Quién descubrió el Océano Pacífico?
    a. Cristóbal Colón
    b. Tomás Herrera
    c. Vasco Nuñez de Balboa

3. ¿De qué es el altar en la ciudad de Panamá?

    a.    b.   c.

4. ¿Quién es el héroe nacional?
    a. Cristóbal Colón
    b. Vasco Nuñez de Balboa
    c. Tomás Herrera

5. Colón es la ciudad cerca del canal de Panamá.
    a. cierto
    b. falso

6. No hay muchos extranjeros en Panamá.
    a. cierto
    b. falso

7. El grupo de los indígenas de San Blas se llama ...
    a. maya
    b. cuna
    c. azteca

8. ¿Qué tipo de plantaciones hay?

    a.    b.   c.

Nombre_____ Clase _____

PANAMÁ

```
E  N  T  E  R  N  A  C  I  A  L
O  X  A  R  T  I  S  T  A  S  C
B  A  T  O  C  O  L  O  N  B  E
T  P  I  R  A  T  A  S  U  A  N
T  A  M  O  A  M  U  T  C  L  T
D  P  N  U  Ñ  N  F  E  R  T  I
T  A  I  E  R  A  J  P  A  C  F
E  J  N  O  M  C  R  E  C  I  U
V  I  A  J  E  S  O  C  R  A  B
D  E  S  C  U  B  R  E  N  O  A
B  O  S  Q  U  E  M  O  R  G  S
```

(pl.)

"foreigners"

(p

(pl.)

Nombre_____ **Clase** _____

PANAMÁ

¡Vamos a hallar!
¡Vamos a colorear!

**¿De qué color es
la bandera?**

**¿Dónde está la capital
de Panamá? ¿Cómo
se llama la capital?**

. . . .

Nombre_____ **Clase** _____

PANAMÁ

*¡Vamos a
descubrir!*

**Go to the library or computer lab
and discover some more information about what you have
learned.**

Isthmus
Vasco Nuñez de Balboa
Altar of Gold
Morgan
Tomás Herrera
Colón
Canal
Changing Population
Cuna of San Blas Island
Plantations

Nombre_____ **Clase** _____

PUERTO RICO

¡Vamos a leer!

Puerto Rico es una isla entre el Mar Caribe y el Océano Atlántico. Hay muchas montañas y ríos . Es muy tropical. Llueve mucho. Hay muchos huracanes entre agosto y octubre.

Cuando Cristóbal Colón descubrió* la isla en 1493, los indígenas se llamaban* arawaks. Fueron* los habitantes de la isla .

La isla fue* un puerto importante para España y sus colonias. Había batallas* entre los españoles, los ingleses, los franceses y los holandeses. A causa de los ataques* los españoles construyeron* una fortaleza* que se llama El Morro.

Ponce de León estableció* la capital de San Juan en 1508. La tumba de Ponce de León está en una catedral* .

Hay industrias del azúcar , del tabaco y del café . En 1940 "Operation Bootstrap" cambió* un país con mucha agricultura a un país con mucha industria.

Hoy hay una mezcla* de españoles y anglo-americanos. Hablan inglés y español. Usan muchas tradiciones de los Estados Unidos. Tiene una asociación política con los Estados Unidos.

La bandera tiene una estrella en un triángulo azul. Hay cinco franjas en rojo y blanco.

*descubrió = discovered *llamaban = were called
*fue/fueron = was/were *batallas = battles
*a causa de los ataques = because of the attacks *contruyeron = constructed
*fortaleza = fortress *estableció = established *catedral = cathedral
*cambió = changed *mezcla = blend   34

Nombre_____ Clase _____

PUERTO RICO

¡Vamos a recordar!

1. ¿Entre qué meses hay muchos huracanes?
    a. octubre y diciembre
    b. julio y septiembre
    c. agosto y octubre

2. ¿Cómo se llaman los indígenas de la isla?
    a. incas
    b. arawaks
    c. aztecas

3. Había muchas batallas. Ellos construyeron …
    a. una fortaleza.
    b. una iglesia.
    c. una tumba grande.

4. ¿De quién es la tumba en la catedral de San Juan Bautista?
    a. Es de Ponce de León.
    b. Es de San Juan Bautista.
    c. Es de El Morro.

5. ¿Cuál es la industria muy importante de Puerto Rico?
    a.    b.    c.

6. Los puertorriqueños tienen más industria desde…
    a. Operation Shoestring.
    b. Operation Bootstrap.
    c. Operation Sole.

7. ¿Cón quién tiene Puerto Rico una asociación política?
    a. con Canadá
    b. con Inglaterra
    c. con Estados Unidos

8. En la bandera, ¿qué hay en el triángulo?
    a.    b.   c.

Nombre_____ Clase _____

PUERTO RICO

¡Vamos a jugar!

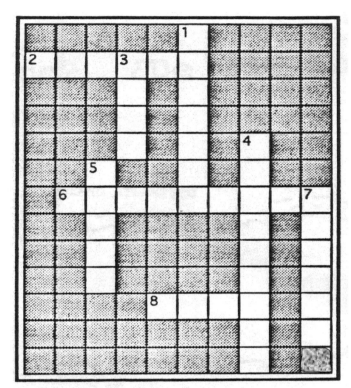

Horizontales

2.

6. *Operation ...*

8. Ponce de ...

Verticales

1. nombre

3.

4. *violent winds*

5. **fortaleza**

7.

Nombre_____ **Clase** _____

PUERTO RICO

¡Vamos a hallar!
¡Vamos a colorear!

TM

¿Dónde está la capital
de Puerto Rico?
¿Cómo se llama
la capital?

¿De qué color es
la bandera?

....

Nombre_____ **Clase** _____

PUERTO RICO

¡Vamos a
descubrir!

TM

Go to the library or computer lab
and discover some more information about what you have
learned.

Hurricanes
The Battles
El Morro
Ponce de León
Operation Bootstrap
United States
and
Puerto Rico
Sugar Production

Nombre_____ **Clase** _____

LA REPÚBLICA DOMINICANA

La República Dominicana es la nación más vieja del Mar Caribe. Cristóbal Colón descubrió* la isla en 1492. Está en la misma isla que Haití.

Hay cuatro cordilleras* de montañas con mucha vegetación. La gente produce frutas , legumbres * y azúcar .

Hay influencia latinoamericana y europea. La música es una mezcla* de indígena , española y africana. El baile popular es el merengue.

A la gente le gusta mucha jugar al béisbol. Hay muchos jugadores* famosos que vinieron* de esta isla .

La capital es Santo Domingo. El hermano menor de Cristóbal Colón, Bartolomé Colón descubrió* la capital en 1496. La tumba de Cristóbal Colón está en la iglesia de Santa María. Esta iglesia es la más vieja de las Américas.

El día de la independencia es el veintisiete de febrero. El héroe nacional se llama Juan Pablo Duarte.

La bandera tiene cuatro secciones en rojo y azul con una cruz blanca.

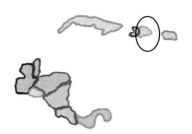

*descubrió = discovered   *codilleras = mountain ranges
*legumbres = vegetables   *mezcla = blend
*jugadores = players   *vinieron = came

Nombre_____ Clase _____

LA REPÚBLICA DOMINICANA

¡Vamos a recordar!

1. ¿Cómo es La República Dominicana?
   a. Es nueva.
   b. Es vieja.
   c. Es muy grande.

2. ¿Qué producción hay?

   a.   b.   c.

3. ¿Cómo se llama el baile popular?
   a. el tango
   b. la macarena
   c. el merengue

4. El hermano menor de Cristóbal Colón descubrió
   la capital.
   a. cierto
   b. falso

5. ¿De quién es la tumba en la iglesia de Santa María?
   a. Es de Cristóbal Colón.
   b. Es de Santa María.
   c. Es de Pablo Duarte.

6. ¿Qué deporte le gusta jugar a la gente?
   a. Le gusta jugar al fútbol.
   b. Le gusta jugar al tenis.
   c. Le gusta jugar al béisbol.

7. ¿Cuándo es su día de la independencia?
   a. Es en febrero.
   b. Es en enero.
   c. Es en octubre.

8. Hay una ... en la bandera.

   a.   b.   c.

Nombre_____ Clase _____

LA REPÚBLICA DOMINICANA

¡Vamos a jugar!

A	C	U	A	T	R	O	M	D	F
B	P	D	U	A	R	T	E	C	R
M	I	G	V	B	M	E	R	O	U
S	E	R	B	M	U	G	E	L	T
T	U	E	B	Ú	S	A	N	Ó	A
F	A	M	I	S	T	V	G	N	S
C	R	R	M	I	N	I	U	B	A
B	A	R	T	C	L	O	E	H	T
T	U	M	B	A	G	U	S	T	A

vegetables

4 Juan Pablo

Bartolomé

40

Nombre_____ **Clase** _____

LA REPÚBLICA
DOMINICANA

¡Vamos a hallar!
¡Vamos a colorear!

TM

¿**Dónde está la capital**
de la República
Dominicana? ¿**Cómo se**
llama la capital?

¿**De qué color es**
la bandera?

....

Nombre_____ **Clase** _____

LA REPÚBLICA DOMINICANA

¡Vamos a descubrir!

TM

Go to the library or computer lab
and discover some more information about what you have
learned.

Conquistadors
Merengue
Baseball and Players
Santo Domingo Guzmán
Bartolomé Colón
Juan Pablo Duarte
Rafael Trujillo

LOS EXAMENCITOS
ACUMULATIVOS

CUBA Y LA REPÚBLICA DOMINICANA

COSTA RICA Y PANAMÁ

HONDURAS Y GUATEMALA

EL SALVADOR Y NICARAGUA

MÉXICO Y PUERTO RICO

Nombre _____ **Clase** _____

CUBA Y LA REPÚBLICA DOMINICANA

¡Vamos a recordar mucho!

Escoge el país correcto:

C = Cuba
RD = La República Dominicana

1. _____ Haití está en la misma isla.

2. _____ Hay tres cordilleras de montañas.

3. _____ Su héroe nacional se llama José Martí.

4. _____ A la gente le gusta bailar el merengue.

5. _____ Camagüey es una ciudad con muchas iglesias.

6. _____ A la gente le gusta jugar al béisbol.

7. _____ En una iglesia está la tumba de Cristóbal Colón.

8. _____ Es la "perla de las Antillas."

9. _____ Su héroe nacional se llama Juan Duarte.

10. _____ Fidel Castro conquistó esa isla.

Nombre _____ Clase _____

COSTA RICA Y PANAMÁ

¡Vamos a recordar mucho!

TM

Escoge el país correcto:

CR= Costa Rica
P= Panamá

1. _____ Hay muchos volcanes.

2. _____ Balboa descubrió el Océano Pacífico.

3. _____ Tiene una vida democrática.

4. _____ Hay muchos científicos en Tortuguero.

5. _____ Tomás Herrera es su héroe nacional.

6. _____ Colón está cerca de la entrada del canal.

7. _____ Los cuna son los indígenas de San Blas.

8. _____ Los labradores pintan sus carretas de bueyes.

9. _____ La capital es muy progresiva y moderna.

10. _____ Cartago es la ciudad de las flores.

Nombre _____ **Clase** _____

HONDURAS Y GUATEMALA

¡Vamos a recordar mucho!

Escoge el país correcto:

H= Honduras
G = Guatemala

1. _____ **Beatriz de la Cueva fue una presidente.**

2. _____ **Los mayas antiguos construyeron pirámides.**

3. _____ **La capital se llama Tegucigalpa.**

4. _____ **Hay treinta volcanes en el país.**

5. _____ **El nombre significa "depths."**

6. _____ **Hay ruinas con frescos de la vida maya.**

7. _____ **Es la nación de "la tierra del río de la eternidad."**

8. _____ **La educación es muy importante.**

9. _____ **Cristóbal Colón descubrió este país.**

10. _____ **La bandera tiene cinco estrellas.**

Nombre _____ Clase _____

EL SALVADOR Y NICARAGUA

¡Vamos a recordar mucho!

Escoge el país correcto:

ES = El Salvador
N = Nicaragua

1. _____ Allí hay muchos terremotos.

2. _____ Hay muchos problemas políticos.

3. _____ El grupo de los indígenas se llama pupil.

4. _____ Es muy famoso por la poesía de Rubén Darío.

5. _____ El héroe nacional también fue un profesor.

6. _____ Una vez la nación fue grande con muchos países.

7. _____ La Costa Mezquita es muy tropical.

8. _____ Izalco es "el faro del Pacífico."

9. _____ Hay veinticinco volcanes en el país.

10. _____ La gente tiene sangre de los españoles de los indígenas y de los africanos.

Nombre _____ Clase _____

MÉXICO Y PUERTO RICO

¡Vamos a recordar mucho!

Escoge el país correcto:

M = México
PR = Puerto Rico

1. _____ **Fue un puerto importante para España.**

2. _____ **Construyeron una fortaleza, El Morro.**

3. _____ **Tiene dos territorios.**

4. _____ **La tumba de Ponce de León está en una catedral.**

5. _____ **La capital está sobre la ciudad de Tenochtitlán.**

6. _____ **Produce con sisal medicina, detergente, y más.**

7. _____ **Los arawaks vivieron en la isla.**

8. _____ **La gente tiene sangre de los indígenas.**

9. _____ **En el territorio hay ruinas de los mayas.**

10. _____ **Guadalajara es el centro de arte.**

Nombre _____ **Clase** _____

¿Cuáles son los países?

¡Vamos a México, a Centroamérica y al Caribe!

ANSWER KEYS

Costa Rica
página 2   página 3

1. c
2. c
3. b
4. a
5. c
6. a
7. b
8. a

```
L A S V C A P A L A R
A F L O R E S M A Y O
B H A L L U E V E R Á
R O I C A R R E T A S
A C T Á M C I O U N L
D G E N T E I T V A O
D E U R O P E S O N A
R P H A C I E N D A S
E A L E M A N E S S U
S B U Y L S I E M P E
```

El Salvador

página 10   página 11
1. c   Horizontales 3. Delgado
2. a   4. mayas
3. c   6. café
4. a   8. faro
5. c   Verticales   1. hamacas
7. a   5. arroz
8. b   7. fuego

Honduras
página 18   página 19

1. c   Horizontales 2. bosques
2. b   5. café
3. b   6. Tegucigalpa
4. c   7. mayas
5. a   Verticales   1. honduras
6. b   3. Ferrera
7. b   4. bananas
8. a   5. caña

Cuba
página 6   página 7

1. b   Horizontales 1. Castro
2. c   2. triángulo
3. b   4. perla
4. a   6. Habana
5. c   Verticales   1. comunismo
6. b   3. iglesias
7. c   5. Martí
8. a   7. azúcar

Guatemala
página 14   página 15
1. a   Horizontales 3. Atitlán
2. b   4. estelas
3. c   5. Tajumulco
4. b   Verticales   7. aztecas
5. a   1. Tikal
6. a   2. Cueva
7. c   6. azúcar
8. a   8. café

México
página 23   página 24

1. c   Horizontales 3. Tenochtitlán
2. c   4. volcán
3. b   5. ganado
4. c   8. sisal
5. b   Verticales   1. Hernán
6. a   2. Popocatépetl
7. c   6. aztecas
8. a   7. Uxmal

Nicaragua
página 27   página 28

1. b
2. a
3. c
4. a
5. c
6. b
7. c
8. b

```
S I M P T D Y D P S O R O
L A R R E I N A G A R T A
Q L L E R R O R I N P U P
U G U T R A E Í P G U E L
P O P O E M T O F R P R U
E D M E M N O E I E M L M
M Ó X D O A N R U B E P D
E N S A T R I Á N G U L O
N I C A O R C P O P O C A
O A R A C A F É S A N R E
N I C A R A O T E R R O M
```

Panamá
página 31   página 32

1. b
2. c
3 b
4. c
5. a
6. b
7. b
8. c

```
E N T E R N A C I A L
O A R T I S T A S C
B A T O C O L O N B E
T R I A T A S U A N
T A M O A M U T C L T
D P N U Ñ I F E R T I
T A I E R A P A C F
E J N O M C R E C I U
V I A J E S O C R A B
D E S C U B R E N O A
B O S Q U E M O R G
```

Puerto Rico
página 35   página 36

1. c Horizontales 2. azúcar
2. b   6 . Bootstrap
3. a   8. León
4. a Verticales 1. arawaks
5. c   3. café
6. b   4. huracanes
7. c   5. Morro
8. a   7. puerto

La República Dominicana
página 39   página 40

1. b
2. a
3. c
4. a
5. a
6. c
7. a
8. b

```
A C U A T R O N D h
B P D U A R T E C R
M I G V B M E R O U
S E R B M U G E T
T U E B U S A N D A
F A M I S T V G N S
C R R M I N I J B A
B A R T O L O E H T
T U M B A G U S T A
```

Los examencitos acumulativos; páginas 43-48

Cuba y La República Dominicana Página 43	Costa Rica y Panamá página 44	Honduras y Guatemala página 45	El Salvador y Nicaragua página 46	México y Puerto Rico página 47
1. RD	1. CR	1. G	1. N	1. PR
2. C	2. P	2, G	2. ES	2. PR
3. C	3. CR	3. H	3. ES	3. M
4. RD	4. CR	4. G	4. N	4. PR
5. C	5. P	5. H	5. N	5. M
6. RD	6. P	6. H	6. ES	6. M
7. RD	7. P	7. G	7. N	7. PR
8. C	8. CR	8. G	8. ES	8. M
9. RD	9. P	9. H	9. ES	9. M
10. C	10. CR	10. H	10. N	10. M